AF586394

HISTORIQUE

DE LA

COMPAGNIE 28/3

du 28e Bataillon du Génie

Pendant la Campagne 1914-1918

BESANÇON
IMPRIMERIE JACQUES ET DEMONTROND
29, rue Claude Pouillet, 29

1921

Liste des Gradés et Sapeurs morts au Champ d'Honneur

MASSACRIER, Louis, sous-lieut.
BOCQUET, Gilbert, sergent.
BOURNIQUER, Armand, serg.
DURAFOUR, Luc, sergent.
REUCHE, Félicien, sergent.
FORIN, Jean, sergent.
POIROT, Louis, caporal.
BAMBERGER, Georges, caporal.
GROSSY, Georges, caporal.
HANTZBERG, Jules, m. o.
CARDINEAU, Célestin, m. o.
VIOLLE, Émile, m. o.
GILLES, Jean, m. o.
DESCHAMP, Jean, m. o.
LASSUS, Ferdinand, s. m.
COUTURIER, Joseph, s. m.
MARTELOT, Arsène, s. m.
FLACELIERE, René, s. m.
BARA, Georges, s. m.
GUERDIN, Sadi, s. m.
NARDIN, Henri, s. m.
DÉLANTRE, Jean-Bapt., s. m.
GARDAHAUT, Mathurin, s. m.
JACQUOT, Jules, s. m.
BICHAIN, Louis, s. m.
BRISSET, Georges, s. m.
PERRIEUX, Justin, s. m.
BOENNEC, Emmanuel, s. m.
MALDINAY, Maurice, s. m.
EMERIC, Paul, s. m.
BLANCHARD, Jacques, s. m.
SARRAZIN, Paul, s. m.
CHAPUIS, Victor, s. m.
CAUDEILLIER, Joseph, s. m.
RASSINIER, Émile, s. m.
SUTTERLIN, Jules, s. m.
BONNET, Edmond, s. m.
SCHŒBELEN, Charles, s. m.
BROUSSARD, Noel, s. m.
RÉOCREUX, Antoine, s. m.
MUNCH, Louis, s. m.
BRUNEAU, Gustave, s. m.
BOULAIRE, Pierre, s. m.
FAVIER, Jean, s. m.
LAFFONNE, Louis, s. m.
TROY, Paul, s. m.
DUTHEL, Petrus, s. m.
TONKEUL, Charles, s. m.
PRINCET, Auguste, s. m.
GENDROT, Louis, s. m.
BILLARD, Louis, s. m.
GREVET, Joseph, s. m.
VINCON, Camille, s. m.
CHARPIOT, Jules, s. m.

PERROT, Félicien, s. m.

A peine Belfort s'était-il replongé dans le calme après les fêtes en l'honneur du 14 juillet 1914, que soudain la fièvre, l'angoisse étreignirent tous les cœurs : le fléau de la guerre s'avançait à grands pas et allait s'abattre sur la France. Le 2 août, l'armée entière commençait sa mobilisation : les hostilités étaient ouvertes. La Compagnie 28/3 reçut dès le premier jour le contingent de réservistes qui lui était affecté pour compléter son effectif sur le pied de guerre. Les préparatifs de départ furent poussés activement et le 5 août la Compagnie quittait son casernement habituel pour se mettre en campagne. Quel sera son rôle ? Stationnée dès le temps de paix dans une place forte, elle devra concourir à la défense de cette ville fortifiée. Il faut tout d'abord exécuter les travaux d'organisation des positions avancées, et la 28/3 construira des ouvrages à la Madeleine, aux Pointes, aux Trois Chênes, dans le secteur de Bessoncourt. Ces défenses à peine terminées, la Compagnie progresse jusqu'à Retzwiller où elle procède à la destruction du viaduc de Dannemarie. Les fluctuations de la bataille ne permettent pas aux sapeurs d'organiser ce secteur définitivement, et la 28/3 est employée à Bessoncourt afin de rendre cette position invulnérable. La bataille de la Marne est gagnée par nous, le front se stabilise, le génie peut entreprendre des travaux de fortification et le 12 décembre nous retrouvons la 28/3 à Falkwiller, à Buthwiller, à Uberkümen. Interrompant ses travaux, la Compagnie participe avec l'infanterie à une démonstration sur le village d'Amertzwiller, puis étendant ses chantiers, elle organise le bois de Gibwiller.

La fin de l'année est proche, l'espoir de tous est mis dans l'année 1915, qui commence comme si nous devions avoir la victoire. Au Kalley, la Compagnie exécute des travaux d'organisation et de préparation d'une attaque sur Burnhaupt et le Koltberg. Le mauvais temps ne permet pas d'entreprendre une action offensive, la pluie, la neige gênent considérablement les sapeurs dans leurs travaux et, malgré tout, le mois de janvier se passe à organiser défensivement les secteurs d'Aspach-le-Bas, le Kolberg et Exbrück. Sans répit, la 28/3 commence des travaux en première ligne à Bannholtz, Lerchenholz, Schoüholz, Eglingen et en deuxième ligne à Ballersdorf et Hagenbach. Puis, c'est l'organisation des bois de Carspeck et Eglingen, enfin le commencement de la guerre de mines. Avec les beaux jours, la Compagnie est envoyée à Seppois-le-Bas, où elle travaille à l'Entre-Largue. L'ennemi, dans l'impossibilité de prononcer une attaque, se résoud donc à maintenir l'activité sur le front en recourant à la guerre de mines. Par endroits, son avance souterraine est menaçante pour nos tranchées ; il faut enrayer à tout prix cette progression. A cet effet, la 28/3 quitte son secteur pour se rendre à Houville, près du Ban de Lavolèore dans les Vosges. Le mineur boche s'attaque avec acharnement contre nos positions de Violu et la cote 607, à la Croix Leprêtre. La Compagnie commence un système de contre-mines. La lutte est inégale au début. mais elle tournera par la suite à notre avantage. Des camouflets bouleversent nos galeries et celles de l'ennemi ; les explosions se succèdent ; le succès est pour nous vers la fin de 1915.

A l'année d'attente et de réorganisation, va suivre 1916 qui a vu de si terribles combats. De part et d'autre, on a retrouvé cette fièvre du début; on s'organise pour pouvoir résister à la formidable ruée devenue inévitable. La 28/3 construit les plates-formes et les abris pour des canons de 240 en arrière du Violu-Centre et assure en même temps l'entretien du secteur bouleversé presque journellement par les bombardements intenses exécutés par l'ennemi pour appuyer son attaque principale sur Verdun. Comme en 1914 sur la Marne, les Boches ne passeront pas à Verdun. Leur élan a été brisé, nous commençons à réagir. Le 6 juillet, la Compagnie prend part à un coup de main sur les tranchées allemandes au Grand-Calvaire et, sitôt après, on lui demande un nouvel et gros effort en l'engageant dans la bataille qui débute sur les deux rives de la Somme. Débarquée à la sortie de Bray-sur-Somme, la 28/3 se dirige vers le secteur de Suzanne, où elle construit des boyaux et participe ensuite à l'attaque des positions allemandes. Les pertes sont élevées; les sapeurs n'ont pas ménagé leur vie pour donner le succès à nos armes, mais il faut retirer de la bataille les débris de cette vaillante unité. A peine reformée, la Compagnie est engagée à nouveau dans le combat aux environs de Maurepos, dans la tranchée de Fréjicourt. L'artillerie ennemie a réglé son tir sur ce détranchement et sur la tranchée de Berlin. La violence du bombardement ne parvient pas à diminuer le calme de ces braves, qui, le soir venu, vont exécuter des travaux en première ligne à la faveur de l'obscurité. Cette dépense d'efforts soutenus finit d'épuiser les forces vives de la 28/3 et peu après elle quitte ce secteur où elle a laissé dormant de leur dernier sommeil des braves en grand nombre. A côté des nombreuses citations individuelles, le général commandant la 46e D. I. cita à l'ordre la Compagnie elle-même pour les motifs suivants :

Sous l'énergique commandement du capitaine Thiébault, a donné sur la Somme les plus beaux exemples de courage, d'endurance et d'activité, organisant sous un feu très violent des positions conquises en un point particulièrement sensible, travaillant pendant un mois jour et nuit à des organisations de première ligne, et à des communications en zone constamment bombardée, subissant au cours de chaque période des pertes importantes sans que son moral soit diminué.

S'était précédemment distinguée en menant pendant treize mois une guerre de mines très dure au cours de laquelle elle a réussi à dominer l'adversairc dans les situations les plus critiques.

L'hiver est arrivé, la fin de l'année approche à grands pas et nous retrouvons la Compagnie à Metzeral, Hilsenfirst, Neuhausen, Goldbach, procédant partout à des travaux d'organisation des secteurs jusqu'aux premiers jours de 1917. Une passerelle sur la Thur est lancée vers la fin de janvier et peu après la 28/3 est retirée du front pour être remise à l'instruction. Déjà, le commandement a prévu son emploi dans la prochaine offensive qui doit avoir lieu au mois d'avril. Son séjour au camp de Valdahon est de peu de durée et, bientôt, l'unité est enlevée pour être employée dans la région du Hint-Voisins, Maizy, Vandeuil, Ville-en-Tardenois, à la réfection des routes. L'infanterie a réussi à progresser, et la Compagnie travaillera de nuit à relier nos anciennes positions aux positions conquises dans la région du bois du Chauffour au sud-ouest de Brimont. L'artillerie ennemie rend l'exécution des travaux très difficile et on enregistre des pertes dans le secteur de Courcy. Quelques jours de repos sont accordés et c'est la reprise des constructions de boyaux et de camouflages dans le secteur de Cormicy-Sapigneul. Une fois encore la 28/3 effectuera un déplacement pour être affectée au sous-secteur de Californie dans la région de Craonne. La bataille qui s'est livrée nécessite un grand nombre de travaux pour remettre en état de défense cette partie du front. Les sapeurs organisent successivement les caves de Craonne en de sûrs et solides abris pour l'infanterie ; ils déblaient ensuite des tunnels allemands, agrandissent le fameux tunnel de Craonne ; enfin, ils entreprennent la construction d'abris sur le plateau de Californie. A ce moment, un ordre prescrit à la Compagnie de se tenir prête à partir pour l'Italie, où l'armée française va lutter à côté de son alliée pour barrer la route aux Autrichiens. La distance qui sépare Fismes, où la 28/3 s'embarque, de Ressatto près de Brescia, est rapidement franchie. C'est là que s'opère la concentration des troupes. La Compagnie, rattachée au 3e groupe B. C. P., se met en route pour le rejoindre. Elle cantonne successivement à Lobia, à Gambellara, à Tressino, à Valdagne, Vallaguna, traverse l'Astico au gué de Doria ; établit une piste à gué sur l'Astico à Maglio, travail qu'elle ne terminera que les premiers jours de janvier 1918.

Comme sur le front français, dès le début de l'année 1918, le commandement fait exécuter des ouvrages de défense et des améliorations dans l'organisation des secteurs. L'offensive, si hautement annoncée par l'adversaire, devra être brisée et nous donner en retour la victoire. La 28/3 commence un travail pénible et long dans la partie montagneuse de l'Italie. C'est tout d'abord la construction d'abris sur le mont Tomba ; puis la réfection de la route stratégique et de la piste défilée de Passagno à Péderoba ; enfin ce sera le camouflage de la route de Caniezza à Costalunga. Le 20 mars 1918, une Compagnie italienne du génie vient relever l'unité française. L'offensive allemande devient une réalité, la mère-patrie a besoin de tous les siens pour arrêter l'envahisseur. Les préparatifs de départ sont poussés hâtivement, la 28/3 franchit les Alpes de nouveau et reprend contact avec le front français à Haute-Visu, où elle reçoit l'ordre d'aménager un champ pour l'aviation. L'âpreté de la lutte qui s'engage en Belgique exige que des positions de repli soient hâtivement ébauchées dans la région d'Aberle et de Goderwaertveld. La 28/3 est là, posant des réseaux de fils de fer malgré les nombreux bombardements par obus toxiques. Relevant ensuite des unités du génie, la Compagnie va travailler dans le sous-secteur de Diekebusch, procédant en même temps aux opérations préliminaires de destruction d'écluses. A l'éclusette de l'étang, sur la digue, on voit les sapeurs construisant des abris bétonnés pour mitrailleuses. L'ennemi contenu par nos troupes ne peut plus accroître le gain de ses premiers succès en Belgique : il a reporté tout son effort en Champagne. Presque aussitôt, la 28/3 accourt dans ce secteur. Elle est employée à la construction d'un P. C. de division à Saint-Rémy; puis à la réfection des routes bouleversées par le bombardement dans les environs du Tilloy. Le Boche harassé, arrêté peu après le début des diverses actions offensives qu'il déclenche, finit par connaître les effets désastreux de la défaite, qui se termineront en une lamentable déroute. La Compagnie ne stationne pas très longtemps dans le même secteur. Le 7 août, enlevée en camions automobiles, elle arrive le même jour à Levremont près de Saint-Just-en-Chaussée ; elle participe à l'attaque des positions ennemies d'Assainvillers-Faverolle, travaille à la construction d'une piste défilée pour l'artillerie de campagne entre Donfront et Rubescourt. Soumise à de fréquents bombardements par obus à ypérite, la 28/3 subit de fortes pertes. Sans répit, elle continue sa tâche, bivouaquant au bois Allongé près de Tilloloy. créant des pistes dans la région du Cessier, les Loges et Crapeaumenil; rétablissant et établissant des passages sur l'Avre à Avricourt pour l'artillerie lourde. L'ennemi accentue de plus en plus son mouvement de retraite : c'est la poursuite qui commence. La Compagnie va connaître les fatigues d'une marche par les routes défoncées, les pays dévastés. C'est Hargicourt, Fransart, Hangest-en-Santerre, Villers. Faisant partie de l'avant-garde, il lui revient la mission d'établir pendant la nuit une passerelle sur le canal de Saint-Quentin et de réparer des ponceaux en face de Lesdins. La région traversée est sillonnée de canaux et de cours d'eau. Pour assurer la progression des troupes, il faut multiplier le nombre des points de passage : la 28/3 y prendra une part très active. A Brocourt, elle établira des va-et-vient, malgré l'intensité du feu de l'artillerie ennemie. Les 1res et 4e sections de la Compagnie sont citées à l'ordre du 63e bataillon de chasseurs alpins pour le motif suivant :

> Les 1re et 4e sections de la Compagnie 28/3 du génie, sous les ordres des sergents Henry et Bernard, ont réussi à placer une passerelle en 14 minutes, malgré un tir violent de mitrailleuses, tous ont rivalisé d'ardeur et de courage pour exécuter cette mission périlleuse, et ont contribué au succès des opérations.

Poursuivant ses travaux dans cette région marécageuse du canal de Saint-Quentin, la Compagnie établit des passages entre le canal et le village de Morcourt; puis à l'écluse d'Omissy, enfin sur la Somme. Très éprouvée, son effectif diminué par les pertes journalières dues à l'artillerie allemande, la 28/3 est chargée de l'entretien des routes près du château de Salency, du village de Fayet, du bois d'Étaves, d'Audigny. Les troupes ont pendant ce temps-là continué leur avance, et, de nouveau, les sapeurs sont rappelés pour assurer l'établissement de passerelles sur le canal de la Sambre à Hannappes. Participant à une attaque, la Compagnie parvient à lancer six passerelles sur le canal à Étreux pour permettre à l'infanterie de poursuivre ses succès. Ensuite vient le tour de l'artillerie, et la 28/3 établit des passages sur l'écluse du canal, sur la vieille Sambre, réparant encore les ponts de Nouvion; assurant après six heures d'un travail opiniâtre les communications interrompues entre les deux rives de la Helpe près d'Étrœungt. Alors que la Compagnie s'apprêtait à construire une passerelle à Pont-de-l'Écluse, le canon se taisait, les cieux se débarrassaient de la multitude d'avions qui les emplissaient, le dernier acte de la gigantesque lutte s'achevait : l'armistice était signé.

Le gros effort produit par la 28/3 durant la campagne fut justement apprécié par le commandement. Le texte de la citation à l'ordre de la 1re armée qu'elle obtint le 31 décembre 1918 sera le meilleur résumé digne de cet historique.

Compagnie d'élite prête à tous les dévouements, comme elle l'a prouvé dans la longue guerre des mines de Violu, dans l'offensive de la Somme, et les autres engagements ou travaux de secteur où elle s'est dépensée sans compter. Le 4 novembre 1918, sous le commandement du capitaine Zamada, a lancé malgré un feu violent, sur le canal de la Sambre, des passerelles destinées au franchissement de vive force de cet obstacle, et assuré ainsi le succès de l'opération. A déployé dans cette opération un brio et un courage qui ont fait l'admiration des camarades de l'infanterie.

Tableau d'Honneur de la Compagnie 28/3

Médailles Militaires

DEMARS, E., s. m., 4 août 1916.
GRANGE, C., m. o., 4 août 1916.
VERNIER, C., 1er s., 4 août 1916.
ROTSCHI, C., m. o., 9 janvier 1917.
BOUCLY, E., adjud., 29 déc. 1916.
BOYAULT, L., s. m., 11 février 1917.
RENÉ, J., s. m., 9 juin 1917.
GENDROT, L., s. m., 27 nov. 1918.
PERRUCHOT, 27 novembre 1918.

Citations à l'Ordre de l'Armée

DEMARS, E., s. m., 4 août 1916.
VERNIER, C., 1er s., 4 août 1916.
GRANGE, C., m. o., 4 août 1916.
ROTSCHI, C., m. o., 9 janvier 1917.
BOYAULT, L., s. m., 11 fév. 1917.
RENÉ, J., s. m., 9 juin 1917.
PERRUCHOT, G., s. m., 9 juin 1917.
GENDROT, L., s. m., 27 nov. 1918.
AMIOT, P., sergent, 18 nov. 1918.
SISEAZAUX, sous-lieut., 18 nov. 1918.
CHRÉTIEN, sergent, 31 déc. 1918.

Citations à l'Ordre du Corps d'Armée

THIÉBAUT, capit., 28 avril 1916.
ZAMADA, lieut., 28 avril 1916.
PARISOT, lieutenant, 15 août 1916.
ZAMADA, lieut., 21 nov. 1916.
BONNEFONDS, s. m., 21 nov. 1916.
NELATON, s. m., 21 nov. 1916.
BOUCLY, E., adjudant, 7 nov. 1918.
RENÉ, Jean, s. m., 24 mai 1917.
BESNARD, sergent.

Citations à l'Ordre de la Division

POIROT, caporal.
COUTURIER, s. m.
MARTELOT, s. m.
RAVIER, s. m.
PARISOT, V., s. m., 8 octobre 1915.
SIMONOT, s. m., 8 octobre 1915.
DEMANGE, m. o., 14 octobre 1915.
TOURNUT, E., sergent, 2 nov. 1915.

Burette, s. m.
Mulet, R., s. m., 2 nov. 1915.
Chevrot, J., s. m., 2 nov. 1915.
Facelière, P., s. m., 2 nov. 1915.
Bara, G., s. m., 2 nov. 1915.
Deschamps, m. o., 15 février 1916.
Henry, C., s. m., 15 février 1916.
Crozier, P., s. m., 15 fév. 1916.
Ribollet, P., sergent, 6 avril 1916.
Vimmet, J., caporal, 6 avril 1916.
Vernier, C., s. m., 6 avril 1916.
Rotschi, G., m. o., 6 avril 1916.
Audot, s. m., 6 avril 1916.
Julliany, C., lieut., 10 juillet 1916.
Bourniquez, sergent, 10 juil. 1916.
Richard, caporal, 10 juillet 1916.
Labresse, sergent, 10 juillet 1916.
Barbier, sergent, 10 juillet 1916.
Bourgeois, méd. auxil., 10 j. 1916.
Besnard, caporal, 10 juillet 1916.
Faure, caporal, 10 juillet 1916.
Ganet, s. m., 10 juillet 1916.
Lallemand, s. m., 10 juil. 1916.
Meyer, s. m., 10 juillet 1916.
Genin, s. m., 10 juillet 1916.
Cousin, s. m., 10 juillet 1916.
Forizier, aspirant, 18 juil. 1916.
Massacrier, adjud., 18 juil. 1916.
Hubert, s. m., 30 août 1916.
Boucly, E., adjudant, 9 août 1916.
Ribollet, sergent, 9 août 1916.
Bezat, sergent, 12 sept. 1916.
Massacrier, adjud. 24 sept. 1916.
Emeric, s. m., 24 sept. 1916.
Michel, aumônier, 24 sept. 1916.
Bresson, s. m., 24 sept. 1916.
Reuche, m. o., 2 nov. 1915.
Dérivet, caporal, 24 sept. 1916.
Girardet, s. m., 24 sept. 1916.
Demesse, s. m., 24 sept. 1916.
Fischer, s. m., 24 sept. 1916.
Chambon, s. m., 24 sept. 1916.
Pointurier, s. m., 16 sept. 1916.
Gugenheim, caporal, 12 sept. 1916.
Blondy, caporal, 12 sept. 1916.
Molager, s. m., 12 sept. 1916.
Millotte, s. m., 12 sept. 1916.
Bablet, s. m., 12 sept. 1916.
Boffet, s. m., 12 sept. 1916.
Mouilleseaux, s. m., 12 sept. 1916.
Roy, s. m., 12 sept. 1916.
Buéno, s. m., 12 sept. 1916.
Fayard, s. m., 12 sept. 1916.
Sutterlin, s. m., 12 sept. 1916.
Joudet, s. m., 12 sept. 1916.
Valère, L., s. m., 22 nov. 1916.
Duchenoy, s. m., 22 nov. 1916.
Terrier, s. m., 22 nov. 1916.
Desdames, s. m., 22 nov. 1916.
Schnœblen, s. m., 16 nov. 1916.
Sarrazin, s. m., 16 nov. 1916.
Rassimier, s. m., 16 nov. 1916.
Chappuis, s. m., 16 nov. 1916.
Sutterlin, s. m., 16 nov. 1916.
Picquerez, s. m., 16 nov. 1916.
Somechand, sergent, 16 nov. 1916.
Durafour, sergent, 16 nov. 1916.
Chrétien, caporal, 16 nov. 1916.
Vionnet, s. m., 16 nov. 1916.
Munsch, s. m., 16 nov. 1916.
Gil, lieutenant, 13 décembre 1916.
Joussier, aspirant, 13 déc. 1916.

FISCHER, s. m., 13 déc. 1916.
WEBER, s. m., 13 déc. 1916.
JOLY, s. m., 13 déc. 1916.
GUYOTGUILLAIN, s. m., 24 j. 1917.
BONNEFOND, 1er s., 24 janv. 1917.
DEMESSE, s. m., 24 janv. 1917.
FAURE, caporal, 24 janv. 1917.
BESNARD, sergent, 3 déc. 1918.
HENRY, sergent, 3 déc. 1918.
DURAND, sergent, 3 déc. 1918.
FAGE, sous-lieut., 4 sept. 1918.
GALLAND, aspirant, 2 nov. 1917.
MONNIER, cap.four., 2 nov. 1917.
THÉVENELLE, s. m., 2 nov. 1917.
VOLNET, s. m., 2 nov. 1917.
RICHARD, s. m., 2 nov. 1917.
CHASSENOTTE, s. m., 2 nov. 1917.
DURAND, s. m., 2 nov. 1917.
MUSSON, s. m., 2 nov. 1917.
GRANDJEAN, s. m., 2 nov. 1917.
PARISOT, V., adjud., 31 mars 1918.
BERNARD, sous-lieut., 28 juin 1918.
MOUILLESEAUX, s. m., 28 juin 1918.
FERNIER, s. m., 28 juin 1918.
BRANSIER, s. m., 28 juin 1918.
PARISOT, s. m., 28 juin 1918.
BOS, s. m., 28 juin 1918.
LAFORNE, s. m., 28 juin 1918.
GIRON, s. m., 28 juin 1918.
DEROUET, s. m., 28 juin 1918.
PROST, s. m., 28 juin 1918.
FLETTRAT, s. m., 28 juin 1918.
CHANCENOT, s. m., 28 juin 1918.
HURET, s. m., 28 juin 1918.
GAULIER, E., s.-l., 3 juillet 1918.
BOULAS, m. o., 3 juillet 1918.
BONNAUB, caporal, 14 sept. 1918.
OLIVIER, caporal, 9 sept. 1918.
FRELIN, s. m., 9 sept. 1918.
TAESCH, s. m., 9 sept. 1918.
MICHEL, caporal, 9 sept. 1918.
DELMAS, s. m., 9 sept. 1918.
GAULIER, sous-lieut., 19 août 1918.
COCHÉ, s. m., 19 août 1918.
LABIESSE, s. m., 19 août 1918.
BESSARD, s. m., 19 août 1918.
DUSSUD, caporal, 19 août 1918.
ROUILLÉ, caporal, 19 août 1918.
VAUTHIER, s. m., 19 août 1918.
DEMESSE, caporal, 19 octobre 1918.
HENRY, caporal, 19 octobre 1918.
JACONNY, sous-lieut., 19 oct. 1918.
CHRÉTIEN, sergent, 19 octobre 1918.
GRANDGONNET, s. m., 19 oct. 1918.
BOSSET, s. m., 19 octobre 1918.
MONNIER, s. m., 19 octobre 1918.
MELATON, s. m., 19 octobre 1918.
BOUGIBAULT, s. m., 19 octobre 1918.
FAYARD, s. m., 19 octobre 1918.
GRENIER, s. m., 19 octobre 1918.
BLOS, s. m., 19 octobre 1918.
BOUIN, s. m., 19 octobre 1918.
BRUNSWICK, s. m., 19 octobre 1918.
PIQUEREZ, s. m., 19 octobre 1918.
BONNOT, s. m., 19 octobre 1918.
PERRUCHOT, G. 19 oct. 1918.
PROST, s. m., 19 octobre 1918.
CHARPIOT, s. m., 19 octobre 1918.

TEINTURIER, s. m., 28 juin 1918.

BESANÇON. — IMPRIMERIE JACQUES ET DEMONTROND

www.ingramcontent.com/pod-product-compliance
Lightning Source LLC
LaVergne TN
LVHW052040160826
845678LV00003B/1447

* 9 7 8 2 3 2 9 6 3 5 8 5 9 *